주님
생각
사순절

황사무엘 지음

GlobalVisionAcademy

사도신경

-

나는 전능하신 아버지 하나님
천지의 창조주를 믿습니다.
나는 그의 유일하신 아들
우리 주 예수 그리스도를 믿습니다.
그는 성령으로 잉태되어
동정녀 마리아에게서 나시고,
본디오 빌라도에게 고난을 받아
십자가에 못 박혀 죽으시고,
장사된 지 사흘 만에 죽은 자 가운데서
다시 살아나셨으며,
하늘에 오르시어 전능하신 아버지 하나님
우편에 앉아 계시다가,
거기로부터 살아 있는 자와 죽은 자를
심판하러 오십니다.
나는 성령을 믿으며
거룩한 공교회와 성도의 교제와
죄를 용서받는 것과 몸의 부활과
영생을 믿습니다.
아멘.

차례

'주님생각'은

'주님생각'이란 이름은 덕소에 위치한 동부광성교회(김호권 목사님)
청년 2부를 섬기면서 사사학교의 큐인(CU - IN) 세미나를 통해
배운 것을 청년부 실정에 맞게 접목하여 만들어
청년들과 함께 나누던 말씀묵상집에서 처음 사용되었습니다.
'주님생각'은 나를 향한 주님의 생각을 알아가고
하루의 삶 속에서 주님을 생각함으로 주님과 동행하는
하나님의 말씀이 삶을 통해 증명되어지는 거룩한 삶이 되어지기를 바라며
현재는 Global Vision Academy 말씀묵상집으로 사용되고 있습니다.

'주님생각'의 특징

● **'주님생각'은 한 본문으로 일주일 동안 묵상합니다.**
성취감이 아닌 나에게 들려주시는 하나님의 말씀에 충분히 귀를 기울일 수
있도록 합니다.
● **'주님생각'은 점진적으로 깊이있게 묵상합니다.**
'느낌 그려보기 - 말씀 그대로 보기 - 숨겨진 것 찾아보기 - 더 깊이 들여다보
기
- 말씀대로 삶을 끌어가기 - 말씀을 삶으로 증명하기'를 통해 깊이있게 묵상
합니다.
● **'주님생각'은 구체적이고, 실현가능하며, 점검가능한 적용을 지향합니다.**
묵상은 삶으로 연결되어야 합니다. 이를 위해서는 적용이 구체적이어야 하
고 실현가능해야 하고, 점검가능해야 합니다.
● **'주님생각'은 묵상과 적용을 함께 나눌 수 있도록 합니다.**
주님생각은 '말씀을 삶으로 증명하기'를 통해 묵상과 적용을 함께 나눔으로
서 더욱 풍성하게 합니다.
● **'주님생각'은 개인, 가정, 교회(구역, 사랑방, 셀 등), 직장, 학교 등 개인 및
다양한 공동체에서 활용 가능합니다.**

'주님생각'의 목적?

하나님의 말씀은 '길' 입니다.
하나님의 말씀은 진리입니다.
하나님의 말씀은 생명입니다.
하나님의 말씀은 능력입니다.
하나님의 말씀은 소망입니다.
하나님의 말씀은 사랑입니다.

하나님의 말씀을 통해 나를 향한 주님의 마음을 알고, 주님을 향한
내 마음을 정해 하나님의 말씀이 내 삶을 이기도록 하는 것입니다.

'주님생각' 사용법

사도신경을 읽으며 나의 신앙을 고백합니다.
하나님을 경배하고 찬양합니다.
성령님께서 말씀묵상 가운데 함께하시길 기도합니다.
말씀에 대한 이전의 생각과 경험을 내려놓습니다.
잘 아는 말씀일수록 더더욱 내려놓고 말씀 자체에 집중합니다.
본문 속에서 하나님의 마음과 하나님의 뜻을 알아갑니다.
나에게 말씀하시는 하나님의 음성에 귀를 기울입니다.
나에게 주신 말씀을 적용합니다. (구체적, 실현가능, 점검가능)
하나님께서 주신 말씀을 나눕니다.

"태초에 하나님이 천지를 창조하시니라."

창세기1:1

말씀묵상

사순절 1

사순절(四旬節, Lent)이란?

부활절 전까지 여섯 번의 주일을 제외한 40일 동안의 기간을 말한다. 이 40일간, 금식과 특별기도, 경건의 훈련 기간으로 삼는다. 성경에서 '40'이라는 숫자와 관련된 사건이 많이 등장하는데, 노아 홍수 때 밤낮 40일간 비가 내렸고(창7:4), 출애굽한 이스라엘 백성이 40년 동안 거친 광야에서 생활했으며(민14:33), 예수께서 광야에서 40일간 마귀의 시험을 받으시기도 하셨다(마4:1). 여기서 보듯, '40'이란 고난과 시련과 인내를 상징하는 숫자임을 알 수 있다.

사순절 기간 동안 성도는 주님의 십자가를 생각하며, 회개와 기도, 절제와 금식, 깊은 명상과 경건의 생활을 통해 수난의 길을 걸어가신 주님을 기억하며 그 은혜를 감사할 수 있어야 한다.

로마 가톨릭이나 영국 국교회에서는 '사순절'을 '대제절'이라고도 한다. 3세기 초까지는 절기의 기간을 정하지 않고 이틀이나 사흘 정도 지켰고, A.D.325년 니케아 공의회 때부터 40일간의 기간이 정해졌다.

그러나 사순절의 기간은 동방교회와 서방교회가 서로 달리했다. 동방교회는 600년 경부터 7주간으로 했고(토요일과 주일을 제외하고 부활주일만 포함하여 36일을 지킴), 서방교회는 6주간(주일을 제외하고 36일을 지킴)으로 했다. 예루살렘교회만 4세기 때처럼 40일을 지켰는데 그중 5일만 금식했다. 그러던 것이 교황 그레고리 때부터 40일을 지키게 되어 '재의 수요일'(Ash Wednesday)부터 사순절이 시작되었다.

초기 기독교에서는 이 사순절 기간 동안 '사순절 식사'(Lent Fare)라고 하는 고기를 제외한 채소 중심의 단순한 음식을 먹었다. 하루에 한 끼 저녁만 먹되 채소와 생선과 달걀만 허용된 것이다.

9세기에 와서 이 제도가 약간 완화되었고, 13세기부터는 간단한 식사를 허용했다. 밀라노에서는 36일간 금식을 하였고, 9세기에서 14세기에 이르는 동안엔 교구 성직자는 칠순절부터 금식을 시작하였다. 그러나 현대에 이르러서는 금식은 완화되었고, 교회에 따라서 구제와 경건의 훈련으로 대치하여 지키고 있다.

(교회용어사전 : 예배 및 예식, 2013. 9. 16., 생명의말씀사)

말씀묵상 - 사순절1(마태복음 4:1 - 11)

감사일기1

날짜		날씨		날짜		날씨	

▣ 감사제목	▣ 감사제목
· · ·	· · ·

날짜		날씨		날짜		날씨	

▣ 감사제목	▣ 감사제목
· · ·	· · ·

말씀묵상 - 사순절1(마태복음 4:1 - 11)

감사일기2

날짜		날씨		날짜		날씨	

▣ 감사제목	▣ 감사제목
· · ·	· · ·

날짜		날씨		🍎 한 주간 동안의 일을 정리해 보세요.

▣ 감사제목	▣ 한 주간 동안의 감사제목!!
· · ·	· · ·

이번 주 말씀 : 마태복음 4:1-11(개역개정)

1. 그 때에 예수께서 성령에게 이끌리어 마귀에게 시험을 받으러 광야로 가사
2. 사십 일을 밤낮으로 금식하신 후에 주리신지라
3. 시험하는 자가 예수께 나아와서 이르되 네가 만일 하나님의 아들이어든 명하여 이 돌들로 떡덩이가 되게 하라
4. 예수께서 대답하여 이르시되 기록되었으되 사람이 떡으로만 살 것이 아니요 하나님의 입으로부터 나오는 모든 말씀으로 살 것이라 하였느니라 하시니
5. 이에 마귀가 예수를 거룩한 성으로 데려다가 성전 꼭대기에 세우고
6. 이르되 네가 만일 하나님의 아들이어든 뛰어내리라 기록되었으되 그가 너를 위하여 그의 사자들을 명하시리니 그들이 손으로 너를 받들어 발이 돌에 부딪치지 않게 하리로다 하였느니라
7. 예수께서 이르시되 또 기록되었으되 주 너의 하나님을 시험하지 말라 하였느니라 하시니
8. 마귀가 또 그를 데리고 지극히 높은 산으로 가서 천하 만국과 그 영광을 보여
9. 이르되 만일 내게 엎드려 경배하면 이 모든 것을 네게 주리라
10. 이에 예수께서 말씀하시되 사탄아 물러가라 기록되었으되 주 너의 하나님께 경배하고 다만 그를 섬기라 하였느니라
11. 이에 마귀는 예수를 떠나고 천사들이 나아와서 수종드니라

【월요일 말씀묵상 - 느낌 그려보기】

말씀을 오감으로 느껴보는 시간입니다. 말씀을 생각하기보다 온몸으로 느껴보세요.

◎ 본문 말씀을 빠르게 읽은 후 답해보세요.

● 오늘 말씀을 읽고 난 후 어떤 느낌을 한 마디로 표현하면?

● 나의 느낌을 따라 본문 말씀의 제목을 지어보세요.

◎ 본문 말씀을 3번 이상 "정독" 후 답해보세요.

● 본문 말씀 내에 등장하는 배역들과 숨겨진 배역들을 생각나는대로 써보세요.

● "시험(유혹)"하면 떠오르는 것을 적어보세요.

● "시험(유혹)"이 찾아오면 어떻게 해야 할까요?

● "시험(유혹)"을 이기지 못하면 어떻게 될까요?

【화요일 말씀묵상 - 말씀 그대로 보기】
말씀에 내 생각을 보태거나 빼지 말고 말씀을 말씀 그대로 이해해 보세요.

◎ 본문 말씀을 3번 이상 "정독" 후 답해보세요.

1. 예수께서 누구에게 이끌렸나요?(1절)

2. 예수님께서는 광야에서 무엇을 하셨나요?(1절)

3. 예수님께서는 광야에서 얼마나 금식을 하셨나요?(2절)

4. 광야에서 금식을 하고 계신 예수님께 시험하는 자가 뭐라고 말했나요?(3절)

5. 시험하는 자에 대한 예수님의 대답은 무엇이었나요?(4절)

6. 마귀는 예수님을 어디에 세우나요?(5절)

7. 마귀는 예수님께 뛰어 내리면 어떻게 된다고 말하나요?(6절)

8. 예수님은 마귀에게 뭐라고 말씀하시나요요?(7절)

9. 마귀는 예수님께 높은 산에서 무엇을 말하나요?(8 - 9절)

10. 마귀에 대한 예수님의 대답은 무엇이었나요?(10절)

11. 시험(유혹)하던 마귀는 어떻게 하나요?(11절)

12. 천사들은 무엇을 하나요?(11절)

【수요일 말씀묵상 – 숨겨진 것 찾아 보기】
말씀 속 인물들의 마음을 헤아려 보고, 본문의 앞뒤 문맥과 상황들을 살펴보세요.

◎ 본문 말씀을 3번 이상 "정독" 후 답해보세요

1. 성령님께 이끌리시는 예수님의 마음은 어땠을까요?

2. 예수님은 왜 40일 동안 금식 기도를 하셨을까요?

3. 예수님을 대면하는 마귀의 마음과 마귀를 대면하시는 예수님의 마음은 어땠을까요?

4. 마귀는 왜 예수님께서 40일 동안의 금식 기도를 마치신 후에 예수님을 시험했을까요?

5. 예수님을 시험하는 마귀의 마음과 마귀에게 시험을 받는 예수님의 마음은 어땠을까요?

6. 마귀가 예수님을 시험할 때 왜 3가지로 시험했을까요?

7. 예수님께서 시험을 물리치시는 모습을 보시는 하나님의 마음은 어땠을까요?

【목요일 말씀묵상 - 더 깊이 들여다 보기】

본문의 내용을 정리하고, 비교하며, 심층적으로 분석하여 충실하게 하나님의 말씀을 묵상해 보세요.

◎ 본문 말씀을 3번 이상 "정독" 후 답해보세요.

1. 광야에서 예수님이 시험을 받으신 이유는 무엇일까요?

2. 예수님께서 사십일을 금식하신 이유는 무엇일까요?

3. 마귀는 예수님을 시험할 때 무엇으로 시험을 하나요? 그리고 예수님께서 마귀의 시험을 어떻게 물리치시나요? 그리고 마귀의 3가지 시험은 무엇을 의미하나요?

	마귀의 시험	예수님의 대답	시험의 의미 (요일2:14 - 15)
시험1	네가 만일 하나님의 아들이어든 명하여 이 돌들로 떡덩이가 되게 하라 네가 만일 하나님의 아들이어든 명하여 이 돌들로 떡덩이가 되게 하라	*신명기 8:3 기록되었으되 사람이 떡으로만 살 것이 아니요 하나님의 입으로부터 나오는 모든 말씀으로 살 거이라 하였느니라	육신의 정욕
시험2		*신명기 6:16	
시험3		*신명기 6:13	

5. 마귀가 예수님을 떠나는 이유는 무엇인가요?

【금요일 말씀묵상 - 말씀대로 삶을 끌어가기】
나의 삶에 하나님의 말씀을 맞추지 말고, 하나님의 말씀에 나의 삶을 맞춰 보세요.

◎ 본문 말씀을 3번 이상 "정독" 후 답해보세요.

1. 예수님은 사십일 금식 후 마귀에게 시험(유혹)을 받으셨습니다. 나는 지금 어떤 시험(유혹)을 받고 있나요?

2. 예수님께서는 시험을 말씀으로 물리치셨습니다. 나는 나에게 찾아온 시험들을 어떻게 대하나요?

3. 예수님은 사역의 출발점에서 사십일 금식으로 출발하셨습니다. 나는 사순절을 시작하는 출발점에서 어떻게 사순절을 시작하려고 하나요? 구체적으로 기록해 보세요.

4. 나에게 있어서 "사순절"은 어떤 의미로 다가오나요?

5. '사순절'을 생각하며 하나님을 향한 나의 마음을 담아 기도문을 작성해 보세요.

【토요일 말씀묵상 – 말씀을 삶으로 증명하기】 하나님의 말씀에 나의 삶을 맞춰 보세요.

※[참고] 가정에서 드리는 예배 순서 : 사도신경-찬송-기도(기도자)-말씀읽기/나눔-기도(합심/인도자)-주기도문

예배 준비 -인도자/예배자는 미리 예배를 준비합니다.	예배를 위한 기도 -인도자/기도자 미리 기도를 준비하세요!
□ 성경, 찬송 준비하기 □ 기도문 쓰기 □ 나눔 질문 미리하기 □ 찬송가 _____장	

사도신경(개역개정)

사도신경을 보고 함께 읽으며 나의 신앙을 고백합니다.

말씀
-한 절씩 돌아가면서 읽습니다. 그리고 함께 하눕니다.

나눔 질문
· 말씀 속에서 가장 기억에 남는 장면은 무엇인가요?

· 말씀을 통해 깨닫게 된 것은 무엇인가요?

주기도문(개역개정)
– 함께 읽으며 기도합니다.

· 깨달은 말씀대로 살도록 적용해 보세요.
  (구체적으로, 실현 가능, 점검 가능)

□

□

□

하늘에 계신 우리 아버지,
아버지의 이름을 거룩하게 하시며
아버지의 나라가 오게 하시며,
아버지의 뜻이 하늘에서와 같이
땅에서도 이루어지게 하소서.
오늘 우리에게 일용할 양식을 주시고,
우리가 우리에게 잘못한 사람을
용서하여 준 것 같이,
우리 죄를 용서하여 주시고,
우리를 시험에 빠지지 않게 하시고
악에서 구하소서.
나라와 권능과 영광이
영원히 아버지의 것입니다.
아멘.

나눔 메모

【주일 말씀묵상 - 하나님 말씀에 집중하기】

목사님을 통해 나에게 말씀하시는 하나님의 말씀에 집중해 보세요.

□ 제목 :

□ 본문 :   □ 설교자 :

설교내용	느끼고 깨달은 말씀
결론	그러면 나는 어떻게 살 것인가?
	□ □ □

말씀묵상

사순절 2

말씀묵상 - 사순절2(마태복음 14:22 - 33)

감사일기1

날짜		날씨		날짜		날씨	

▣ 감사제목	▣ 감사제목

- ·
- ·
- ·

날짜		날씨		날짜		날씨	

▣ 감사제목	▣ 감사제목

- ·
- ·
- ·

말씀묵상 - 사순절2(마태복음 14:22 - 33)

감사일기2

날짜		날씨		날짜		날씨	

▣ 감사제목	▣ 감사제목

·
·
·

·
·
·

날짜		날씨		🍎 한 주간 동안의 일을 정리해 보세요.

▣ 감사제목	▣ 한 주간 동안의 감사제목!!

·
·
·

·
·
·

이번 주 말씀 : 마태복음 14:22-33(개역개정)

22. 예수께서 즉시 제자들을 재촉하사 자기가 무리를 보내는 동안에 배를 타고 앞서 건너편으로 가게 하시고

23. 무리를 보내신 후에 기도하러 따로 산에 올라가시니라 저물매 거기 혼자 계시더니

24. 배가 이미 육지에서 수 리나 떠나서 바람이 거스르므로 물결로 말미암아 고난을 당하더라

25. 밤 사경에 예수께서 바다 위로 걸어서 제자들에게 오시니

26. 제자들이 그가 바다 위로 걸어오심을 보고 놀라 유령이라 하며 무서워하여 소리 지르거늘

27. 예수께서 즉시 이르시되 안심하라 나니 두려워하지 말라

28. 베드로가 대답하여 이르되 주여 만일 주님이시거든 나를 명하사 물 위로 오라 하소서 하니

29. 오라 하시니 베드로가 배에서 내려 물 위로 걸어서 예수께로 가되

30. 바람을 보고 무서워 빠져 가는지라 소리 질러 이르되 주여 나를 구원하소서 하니

31. 예수께서 즉시 손을 내밀어 그를 붙잡으시며 이르시되 믿음이 작은 자여 왜 의심하였느냐 하시고

32. 배에 함께 오르매 바람이 그치는지라

33. 배에 있는 사람들이 예수께 절하며 이르되 진실로 하나님의 아들이로소이다 하더라

【월요일 말씀묵상 - 느낌 그려보기】
말씀을 오감으로 느껴보는 시간입니다. 말씀을 생각하기보다 온몸으로 느껴보세요.

◎ 본문 말씀을 빠르게 읽은 후 답해보세요.

● 오늘 말씀을 읽고 난 후 어떤 느낌이 들었는지 한 마디로 표현해 보세요.

● 나의 느낌을 따라 본문 말씀의 제목을 지어보세요.

◎ 본문 말씀을 3번 이상 "정독" 후 답해보세요.

● 본문 말씀 내에 등장하는 배역들과 숨겨진 배역들을 생각나는대로 써보세요.

● "의심"하면 떠오르는 것을 적어보세요.

● "의심"이 찾아오면 어떻게 해야 할까요?

● "의심"하는 우리를 보시는 하나님의 마음은 어떠실까요?

【화요일 말씀묵상 - 말씀 그대로 보기】

말씀에 내 생각을 보태거나 빼지 말고 말씀을 말씀 그대로 이해해 보세요.

◎ 본문 말씀을 3번 이상 "정독" 후 답해보세요.

1. 예수님께서 제자들에게 어떻게 하셨나요? (22절)

2. 무리를 보내신 후에 예수님은 어디로 왜 가셨나요?(23절)

3. 예수는 누구와 함께 계셨나요?(23절)

4. 제자들이 탄 배가 이미 육지에서 멀리 떠났을 때 어떤 일이 일어났나요?(24절)

5. 4번의 상황에서 예수님은 어떻게 하시나요?(25절)

6. 예수님의 모습을 본 제자들의 반응은 어떠한가요?(26절)

7. 제자들의 반응을 보고 예수님은 어떤 말씀을 하시나요?(27절)

8. 예수님의 말씀을 들은 베드로는 예수님께 뭐라고 말하나요?(28절)

9. 베드로의 말에 예수님은 뭐라고 답하시나요?(29절)

10. 베드로가 바람을 보고 무서워 바다에 빠져 갈 때 뭐라고 소리치나요?(30절)

11. 베드로의 외침에 예수님은 어떻게 반응하시고 뭐라고 말씀하시나요?(31절)

12. 예수님과 베드로가 배에 오를 때 어떤 일이 벌어졌나요?(32절)

14. 예수님과 베드로가 배에 오른 후 배에 있는 사람들의 반응은 어떠한가요?(33절)

【수요일 말씀묵상 - 숨겨진 것 찾아 보기】
말씀 속 인물들의 마음을 헤아려 보고, 본문의 앞뒤 문맥과 상황들을 살펴보세요.

◎ 본문 말씀을 3번 이상 "정독" 후 답해보세요
1. 제자들을 재촉하시며 배를 태워 보내시는 예수님의 마음은 어땠을까요? 그리고 그렇게 배에 오르는 제자들의 마음은 어땠을까요?

2. 산에 오르셔서 홀로 기도하시는 예수님의 마음은 어땠을까요?

3. 바람으로 인해 고난 중에 있는 제자들의 마음은 어땠을까요?

4. 저 멀리 고난 중에 있는 제자들을 바라보시는 예수님의 마음은 어땠을까요?

5. 예수님 자신을 향해 "유령이라 하며 무서워 소리지르"는 제자들을 보시고 예수님은 어떤 마음이 드셨을까요?

6. "안심하라, 나니 두려워하지 말라."라는 예수님의 말씀을 들은 제자들의 마음은 어땠을까요?

7. "주여 만일 주님이시거든 나를 명하사 물 위로 오라 하소서"라고 말하는 베드로의 마음과 "오라."하시는 예수님의 마음은 어땠을까요?

8. 물에 빠지는 베드로의 마음과 물에서 건져주시는 예수님의 마음은 어땠을까요?

9. 예수님과 베드로가 배에 오르고 바람이 그쳤을 때 에수님을 향한 제자들의 마음은 어땠을까요?

【목요일 말씀묵상 - 더 깊이 들여다 보기】

본문의 내용을 정리하고, 비교하며, 심층적으로 분석하여 충실하게 하나님의 말씀을 묵상해 보세요.

◎ 본문 말씀을 3번 이상 "정독" 후 답해보세요.

1. 예수님께서는 왜 제자들을 재촉하시며 보내셨을까요?

2. 왜 예수님은 해가 저물 때 홀로 기도하러 산에 올라가셨을까요?

3. 예수님께서 왜 바다위를 걸어 제자들에게 오셨을까요?

4. 바다 위를 걸었던 베드로가 의심한 이유는 무엇일까요?

5. 제자들이 고백한 "진실로 하나님의 아들이로소이다"의 의미는 무엇일까요?

【금요일 말씀묵상 - 말씀대로 삶을 끌어가기】
나의 삶에 하나님의 말씀을 맞추지 말고, 하나님의 말씀에 나의 삶을 맞춰 보세요.

◎ 본문 말씀을 3번 이상 "정독" 후 답해보세요.

1. 예수님께서 모든 사역을 다 마치고 홀로 기도하러 가셨습니다. 나는 오늘 해야 할 공부를 마치거나, 해야 할 일들을 마치고 잠자리에 들기 전에 어떻게 하나요? 예수님과 같이 홀로 기도하고 있나요? 오늘 하루도 함께하신 하나님 앞에 기도문을 써 보세요.

2. 나의 삶속에 어떤 고난이 있나요? 그 고난 앞에 나는 어떻게 반응하고 있나요?

3. 고난을 당하고 있는 제자들에게 예수님이 다가오십니다. 고난을 당하고 있는 나의 앞으로 예수님께서 다가오실 때 나는 예수님을 어떻게 해야 할까요?

4. 본문을 통해서 믿음이 작아서 의심하는 제자들의 모습을 보게 됩니다. 나의 고난 앞에 믿음이 작아서 의심하고 있지 않은지 생각해 보세요. 그리고 예수님께 도움을 요청해 보세요.

5. 본문 말씀 중에서 중요하다고 생각하는 단어를 3개만 골라보세요. 그중에서 가장 중요하다고 생각하는 단어를 고른 후 그 이유에 대해서도 적어 보세요.
①

②

③

【토요일 말씀묵상 – 말씀을 삶으로 증명하기】 하나님의 말씀에 나의 삶을 맞춰 보세요.

※[참고] 가정에서 드리는 예배 순서 : 사도신경-찬송-기도(기도자)-말씀읽기/나눔-기도(합심/인도자)-주기도문

예배 준비 -인도자/예배자는 미리 예배를 준비합니다.	예배를 위한 기도 -인도자/기도자 미리 기도를 준비하세요!
☐ 성경, 찬송 준비하기 ☐ 기도문 쓰기 ☐ 나눔 질문 미리하기 ☐ 찬송가 _____장	

사도신경(개역개정)

사도신경을 보고 함께 읽으며 나의 신앙을 고백합니다.

말씀
-한 절씩 돌아가면서 읽습니다. 그리고 함께 하눕니다.

나눔 질문
· 말씀 속에서 가장 기억에 남는 장면은 무엇인가요?

· 말씀을 통해 깨닫게 된 것은 무엇인가요?

주기도문(개역개정)
– 함께 읽으며 기도합니다.

· 깨달은 말씀대로 살도록 적용해 보세요.
  (구체적으로, 실현 가능, 점검 가능)
☐
☐
☐

하늘에 계신 우리 아버지,
아버지의 이름을 거룩하게 하시며
아버지의 나라가 오게 하시며,
아버지의 뜻이 하늘에서와 같이
땅에서도 이루어지게 하소서.
오늘 우리에게 일용할 양식을 주시고,
우리가 우리에게 잘못한 사람을
용서하여 준 것 같이,
우리 죄를 용서하여 주시고,
우리를 시험에 빠지지 않게 하시고
악에서 구하소서.
나라와 권능과 영광이
영원히 아버지의 것입니다.
아멘.

나눔 메모

【주일 말씀묵상 – 하나님 말씀에 집중하기】
목사님을 통해 나에게 말씀하시는 하나님의 말씀에 집중해 보세요.

□ 제목 :

□ 본문 :   □ 설교자 :

설교내용	느끼고 깨달은 말씀
결론	**그러면 나는 어떻게 살 것인가?**
	□ □ □

말씀묵상

사순절 3

말씀묵상 - 사순절3(마가복음 11:15 - 19)

감사일기1

날짜		날씨		날짜		날씨	

💽 감사제목	💽 감사제목
. . .	. . .

날짜		날씨		날짜		날씨	

💽 감사제목	💽 감사제목
. . .	. . .

말씀묵상 - 사순절3(마가복음 11:15 - 19)

감사일기2

날짜		날씨		날짜		날씨	

▣ 감사제목	▣ 감사제목
·	·
·	·
·	·

날짜		날씨		🍎 한 주간 동안의 일을 정리해 보세요.

▣ 감사제목	▣ 한 주간 동안의 감사제목!!
·	·
·	·
·	·

15. 그들이 예루살렘에 들어가니라 예수께서 성전에 들어가사 성전 안에서 매매하는 자들을 내쫓으시며 돈 바꾸는 자들의 상과 비둘기 파는 자들의 의자를 둘러 엎으시며

16. 아무나 물건을 가지고 성전 안으로 지나다님을 허락하지 아니하시고

17. 이에 가르쳐 이르시되 기록된 바 내 집은 만민이 기도하는 집이라 칭함을 받으리라고 하지 아니하였느냐 너희는 강도의 소굴을 만들었도다 하시매

18. 대제사장들과 서기관들이 듣고 예수를 어떻게 죽일까 하고 꾀하니 이는 무리가 다 그의 교훈을 놀랍게 여기므로 그를 두려워함일러라

19. 그리고 날이 저물매 그들이 성 밖으로 나가더라

【월요일 말씀묵상 - 느낌 그려보기】

말씀을 오감으로 느껴보는 시간입니다. 말씀을 생각하기보다 온몸으로 느껴보세요.

◎ 본문 말씀을 **빠르게** 읽은 후 답해보세요.

● 오늘 말씀을 읽고 난 후 느낌을 오감으로 표현해 보세요.

시각 /

청각 /

미각 /

후각 /

촉각 /

● 나의 느낌을 따라 본문 말씀의 제목을 지어보세요.

◎ 본문 말씀을 3번 이상 "정독" 후 답해보세요.

● 본문 말씀 내에 등장하는 배역들과 숨겨진 배역들을 생각나는대로 써보세요.

● "강도"하면 떠오르는 것을 적어보세요.

● 성전에 들어오신 예수님의 모습을 그려보세요.

말씀에 내 생각을 보태거나 빼지 말고 말씀을 말씀 그대로 이해해 보세요.

◎ 본문 말씀을 3번 이상 "정독" 후 답해보세요.

1. 예수님과 제자들이 어디로 들어갔나요?(15절)

2. 예수님께서 성전에 들어가셨을 때 성전 안에는 어떤 사람들이 무엇을 하고 있었나요?(15절)

3. 예수님께서는 성전에서 2번의 사람들을 보시고 어떻게 하셨나요?(15절)

4. 예수님께서는 성전 안에서 무엇을 허락하지 않으시나요?(16절)

5. 예수님께서는 성전에 있는 사람들에게 무엇을 가르쳐 일러주시나요?(17절)

6. 예수님의 가르침을 들은 대제사장들과 서기관들은 예수님의 말씀을 듣고 어떻게 반응하나요?(18절)

7. 대제사장들과 서기관들이 예수님을 어떻게 죽일까하고 꾀하는 이유는 무엇인가요?(18절)

8. 예수님과 제자들은 날이 저물매 어디로 가나요?(19절)

【수요일 말씀묵상 – 숨겨진 것 찾아 보기】

말씀 속 인물들의 마음을 헤아려 보고, 본문의 앞뒤 문맥과 상황들을 살펴보세요.

◎ 본문 말씀을 3번 이상 "정독" 후 답해보세요

1. 성전에 들어갔을 때 예수님의 마음과 제자들의 마음은 어땠을까요? 왜 그런 마음이 들었을까요?

2. 성전에 있는 매매하는 자들과 돈 바꾸는 자들과 비둘기 파는 자들의 마음은 어땠을까요? 이를 지켜보는 제자들의 마음은 어땠을까요? 왜 그런 마음이 들었을까요?

3. 예수님께서 성전에서 가르치실 때 예수님의 마음은 어땠을까요? 왜 그런 마음이 들었을까요?

4. 예수님의 가르침을 들은 대제사장들과 서기관. 그리고 성전에 있는 매매하는 자들과 돈 바꾸는 자들과 비둘기파는 자들의 마음은 어땠을까요? 왜 그런 마음이 들었을까요?

5. 날이 저물어 성 밖으로 나가시는 예수님과 제자들의 마음은 어땠을까요? 왜 그런 마음이 들었을까요?

【목요일 말씀묵상 – 더 깊이 들여다 보기】

본문의 내용을 정리하고, 비교하며, 심층적으로 분석하여 충실하게 하나님의 말씀을 묵상해 보세요.

◎ 본문 말씀을 3번 이상 "정독" 후 답해보세요.

1. 예수님께서 제자들과 함께 성전에 들어가신 이유는 무엇일까요?

2. 예수님께서 성전을 만민이 기도하는 집과 강도의 소굴이라고 말씀하신 이유는 무엇인가요?

만민이 기도하는 집	강도의 소굴

3. 대제사장들과 서기관들이 예수님을 두려워한 이유는 무엇인가요?

4. 성전에 있는 무리가 예수님의 교훈을 듣고 놀란 이유는 무엇 때문일까요?

【금요일 말씀묵상 – 말씀대로 삶을 끌어가기】

나의 삶에 하나님의 말씀을 맞추지 말고, 하나님의 말씀에 나의 삶을 맞춰 보세요.

◎ 본문 말씀을 3번 이상 "정독" 후 답해보세요.

1. 예수님께서 예루살렘 성전에 들어가셨을 때 '강도의 소굴'이라고 말씀하셨습니다. 나는 혹시 예배드려야 할 성전을 '강도의 소굴'로 만들고 있진 않나요? 성전이 '강도의 소굴'이 되지 않기 위해서 나는 어떻게 해야 할까요?

2. 예수님은 성전을 내 집이라고 말씀하십니다. 그리고 "내 집은 만민이 기도하는 집"이라고 선포하십니다. 혹시 성전(교회)을 사람의 것이라고 생각하고 있진 않나요? 아니면 사랑 많으신 예수님의 집이기에 함부로 생각하고, 무례하게 대하고 있진 않나요? 예수님의 집인 성전에서는 나는 어떤 마음으로 무엇을 해야 할까요?

3. 예수님께서 성전에 있는 무리에게 가르쳐 이르실 때 무리들은 예수님의 교훈에 놀라고, 대제사장들은 예수님을 어떻게 죽일까 꾀합니다. 나는 교회(성전)에서 하나님의 말씀이 선포될 때 어떻게 반응하나요? 놀라기만 하나요? 아니면 찔림으로 인해 분노가 일어나나요? 아니면 아무런 관심이 없나요? 교회(성전)에서 하나님의 말씀이 선포될 때 어떻게 해야 할까요?

5. 본문 말씀 중에서 중요하다고 생각하는 단어를 3개만 골라보세요. 그중에서 가장 중요하다고 생각하는 단어를 고른 후 그 이유에 대해서도 적어 보세요.

①

②

③

【토요일 말씀묵상 – 말씀을 삶으로 증명하기】 하나님의 말씀에 나의 삶을 맞춰 보세요.

※[참고] 가정에서 드리는 예배 순서 : 사도신경-찬송-기도(기도자)-말씀읽기/나눔-기도(합심/인도자)-주기도문

예배 준비 -인도자/예배자는 미리 예배를 준비합니다.	예배를 위한 기도 -인도자/기도자 미리 기도를 준비하세요!
□ 성경, 찬송 준비하기 □ 기도문 쓰기 □ 나눔 질문 미리하기 □ 찬송가 _____장	

사도신경(개역개정)	
사도신경을 보고 함께 읽으며 나의 신앙을 고백 합니다.	

말씀
-한 절씩 돌아가면서 읽습니다. 그리고 함께 하눕니다.

나눔 질문
· 말씀 속에서 가장 기억에 남는 장면은 무엇인가요?

· 말씀을 통해 깨닫게 된 것은 무엇인가요?

주기도문(개역개정)
- 함께 읽으며 기도합니다.

· 깨달은 말씀대로 살도록 적용해 보세요.
  (구체적으로, 실현 가능, 점검 가능)

□

□

□

나눔 메모

하늘에 계신 우리 아버지,
아버지의 이름을 거룩하게 하시며
아버지의 나라가 오게 하시며,
아버지의 뜻이 하늘에서와 같이
땅에서도 이루어지게 하소서.
오늘 우리에게 일용할 양식을 주시고,
우리가 우리에게 잘못한 사람을
용서하여 준 것 같이,
우리 죄를 용서하여 주시고,
우리를 시험에 빠지지 않게 하시고
악에서 구하소서.
나라와 권능과 영광이
영원히 아버지의 것입니다.
아멘.

【주일 말씀묵상 - 하나님 말씀에 집중하기】

목사님을 통해 나에게 말씀하시는 하나님의 말씀에 집중해 보세요.

□ 제목 :

□ 본문 :   □ 설교자 :

설교내용	느끼고 깨달은 말씀
결론	그러면 나는 어떻게 살 것인가?
	□ □ □

말씀묵상

사순절 4

감사일기1

날짜		날씨		날짜		날씨	

▣ 감사제목	▣ 감사제목
.	.
.	.
.	.

날짜		날씨		날짜		날씨	

▣ 감사제목	▣ 감사제목
.	.
.	.
.	.

말씀묵상 - 사순절4(시편 23:1 - 6)

감사일기2

날짜		날씨		날짜		날씨	

🔳 감사제목	🔳 감사제목
·	·
·	·
·	·

날짜		날씨		🍎 한 주간 동안의 일을 정리해 보세요.

🔳 감사제목	🔳 한 주간 동안의 감사제목!!
·	·
·	·
·	·

이번 주 말씀 : 시편 23:1-6(개역개정)

1. 여호와는 나의 목자시니 내게 부족함이 없으리로다

2. 그가 나를 푸른 풀밭에 누이시며 쉴 만한 물 가로 인도하시는도다

3. 내 영혼을 소생시키시고 자기 이름을 위하여 의의 길로 인도하시는도다

4. 내가 사망의 음침한 골짜기로 다닐지라도 해를 두려워하지 않을 것은 주께서 나와 함께 하심이라 주의 지팡이와 막대기가 나를 안위하시나이다

5. 주께서 내 원수의 목전에서 내게 상을 차려 주시고 기름을 내 머리에 부으셨으니 내 잔이 넘치나이다

6. 내 평생에 선하심과 인자하심이 반드시 나를 따르리니 내가 여호와의 집에 영원히 살리로다

【월요일 말씀묵상 – 느낌 그려보기】
말씀을 오감으로 느껴보는 시간입니다. 말씀을 생각하기보다 온몸으로 느껴보세요.

◎ 본문 말씀을 빠르게 읽은 후 답해보세요.
● 오늘 말씀을 읽고 난 후 느낌을 오감으로 표현해 보세요.

　시각 /

　청각 /

　미각 /

　후각 /

　촉각 /

● 나의 느낌을 따라 본문 말씀의 제목을 지어보세요.

◎ 본문 말씀을 3번 이상 "정독" 후 답해보세요.

● 본문 말씀 내에 등장하는 배역들과 숨겨진 배역들을 생각나는대로 써보세요.

● "목자"하면 떠오르는 것을 적어보세요.

● 오늘 본문 말씀의 풍경을 그려보세요.

【화요일 말씀묵상 - 말씀 그대로 보기】
말씀에 내 생각을 보태거나 빼지 말고 말씀을 말씀 그대로 이해해 보세요.

◎ 본문 말씀을 3번 이상 "정독" 후 답해보세요.

1. 여호와는 나에게 어떤 분이신가요?(1절)

2. 내게 무엇이 없나요?(1절)

3. 그가 나를 푸른 풀밭에 어떻게 하시나요?(2절)

4. 쉴만한 물가로 어떻게 하시나요?(2절)

5. 내 영혼을 어떻게 하시나요?(3절)

6. 자기 이름을 위하여 어떻게 하시나요?(3절)

7. 내가 사망의 음침한 골짜기로 다닐지라도 해를 두려워하지 않을 것은 왜 그런가요?(4절)

8. 주께서 내 원수의 목전에서 어떻게 하시나요?(5절)

9. 주께서 내 원수의 목전에서 8번처럼 하심으로 어떻게 되나요?(5절)

10. 내 평생에 여호와의 선하심과 인자하심이 반드시 나를 따르심으로 내가 어떻게 되나요?(6절)

【수요일 말씀묵상 - 숨겨진 것 찾아 보기】
말씀 속 인물들의 마음을 헤아려 보고, 본문의 앞뒤 문맥과 상황들을 살펴보세요.

◎ 본문 말씀을 3번 이상 "정독" 후 답해보세요
1. 여호와를 목자로 둔 양의 마음은 어떨까요? 그리고 나를 양으로 둔 하나님의 마음은 어떨까요?

2. 나를 풀밭에 누이시며, 쉴 만한 물 가로 인도하시는 목자에게 이끌려가는 양의 마음은 어떨까요?

3. 양들의 영혼을 소생시키시고, 의의 길로 인도하시는 목자의 마음과 그렇게 되어지는 양의 마음은 어떨까요?

4. 사망의 음침한 골짜기로 다닐 때 양의 마음은 어떨까요? 지팡이와 막대기로 양들을 안위하시는 목자의 마음은 어떨까요?

5. 나의 원수의 목전에서 내게 상을 차려주시고, 내 머리에 기름을 부으시는 주님의 마음은 어떨까요?

6. 주께서 내게 상을 차려주시는 모습을 보는 원수의 마음은 어떨까요?

7. 내 평생에 하나님의 선하심과 인자하심이 나를 따른다면 어떤 마음일까요?

8. 여호와의 집에 영원히 사는 것은 어떤 기분일까요?

【목요일 말씀묵상 - 더 깊이 들여다 보기】
본문의 내용을 정리하고, 비교하며, 심층적으로 분석하여 충실하게 하나님의 말씀
을 묵상해 보세요.

◎ 본문 말씀을 3번 이상 "정독" 후 답해보세요.

1. 여호와께서 나의 목자이심으로 "내가 부족함이 없다."는 것은 무슨 뜻일까요?

2. 목자는 왜 자기 이름을 위하여 양들을 의의 길로 인도하실까요?

3. 사망의 음침한 골짜기는 어떤 곳일까요?

4. 주께서 원수들이 보는 앞에서 내게 상을 차려주시는 이유는 무엇일까요?

5. "여호와의 집에 영원히 산다."는 것은 무엇일까요?

【금요일 말씀묵상 – 말씀대로 삶을 끌어가기】
나의 삶에 하나님의 말씀을 맞추지 말고, 하나님의 말씀에 나의 삶을 맞춰 보세요.

◎ 본문 말씀을 3번 이상 "정독" 후 답해보세요.

1. 시편 23편을 묵상하면서 나를 향한 하나님의 마음을 느껴보세요.

2. 다윗은 여호와를 나의 목자라고 선포합니다. 그렇다면 나의 진짜 목자는 누구인가요? 나의 목자가 여호와시라면 나는 양으로서 어떻게 해야 할까요?

3. 주님께서는 원수의 눈 앞에서 내게 상을 베푸십니다. 원수의 눈 앞에서 내게 상을 베푸시는 주님을 경험하고 있나요? 만약 경험하고 있다면 어떨 때 그것을 느끼나요? 그리고 그렇지 못하다면 왜 경험하지 못하는 것일까요?

4. 다윗은 주의 집에서 영원히 살겠다고 고백합니다. 나는 어디서 어디서 어떻게 살고 싶나요? 다짐하는 마음으로 구체적으로 적어보세요.

5. 본문 말씀 중에서 중요하다고 생각하는 단어를 3개만 골라보세요. 그중에서 가장 중요하다고 생각하는 단어를 고른 후 그 이유에 대해서도 적어 보세요.
①

②

③

【토요일 말씀묵상 – 말씀을 삶으로 증명하기】 하나님의 말씀에 나의 삶을 맞춰 보세요.

※[참고] 가정에서 드리는 예배 순서 : 사도신경-찬송-기도(기도자)-말씀읽기/나눔-기도(합심/인도자)-주기도문

예배 준비 -인도자/예배자는 미리 예배를 준비합니다.	예배를 위한 기도 -인도자/기도자 미리 기도를 준비하세요!
□ 성경, 찬송 준비하기 □ 기도문 쓰기 □ 나눔 질문 미리하기 □ 찬송가 _____장	
사도신경(개역개정)	
사도신경을 보고 함께 읽으며 나의 신앙을 고백합니다.	
말씀 -한 절씩 돌아가면서 읽습니다. 그리고 함께 하눕니다.	
나눔 질문 · 말씀 속에서 가장 기억에 남는 장면은 무엇인가요?	
· 말씀을 통해 깨닫게 된 것은 무엇인가요?	**주기도문(개역개정)** - 함께 읽으며 기도합니다.
· 깨달은 말씀대로 살도록 적용해 보세요. (구체적으로, 실현 가능, 점검 가능) □ □ □ 나눔 메모	하늘에 계신 우리 아버지, 아버지의 이름을 거룩하게 하시며 아버지의 나라가 오게 하시며, 아버지의 뜻이 하늘에서와 같이 땅에서도 이루어지게 하소서. 오늘 우리에게 일용할 양식을 주시고, 우리가 우리에게 잘못한 사람을 용서하여 준 것 같이, 우리 죄를 용서하여 주시고, 우리를 시험에 빠지지 않게 하시고 악에서 구하소서. 나라와 권능과 영광이 영원히 아버지의 것입니다. 아멘.

【주일 말씀묵상 - 하나님 말씀에 집중하기】

목사님을 통해 나에게 말씀하시는 하나님의 말씀에 집중해 보세요.

□ 제목 :

□ 본문 :   □ 설교자 :

설교내용	느끼고 깨달은 말씀

결론	그러면 나는 어떻게 살 것인가?
	□ □ □

말씀묵상

사순절 5

말씀묵상 - 사순절5(빌 2:5 - 11)

감사일기1

날짜		날씨		날짜		날씨	

▣ 감사제목	▣ 감사제목

-
-
-

날짜		날씨		날짜		날씨	

▣ 감사제목	▣ 감사제목

-
-
-

말씀묵상 - 사순절5(빌 2:5 - 11)

감사일기2

날짜		날씨		날짜		날씨	

📷 감사제목	📷 감사제목
·	·
·	·
·	·

날짜		날씨		🍎 한 주간 동안의 일을 정리해 보세요.

📷 감사제목	📷 한 주간 동안의 감사제목!!
·	·
·	·
·	·

이번 주 말씀 : 빌립보서 2:5-12(개역개정)

5. 너희 안에 이 마음을 품으라 곧 그리스도 예수의 마음이니

6. 그는 근본 하나님의 본체시나 하나님과 동등됨을 취할 것으로 여기지 아니하시고

7. 오히려 자기를 비워 종의 형체를 가지사 사람들과 같이 되셨고

8. 사람의 모양으로 나타나사 자기를 낮추시고 죽기까지 복종하셨으니 곧 십자가에 죽으심이라

9. 이러므로 하나님이 그를 지극히 높여 모든 이름 위에 뛰어난 이름을 주사

10. 하늘에 있는 자들과 땅에 있는 자들과 땅 아래에 있는 자들로 모든 무릎을 예수의 이름에 꿇게 하시고

11. 모든 입으로 예수 그리스도를 주라 시인하여 하나님 아버지께 영광을 돌리게 하셨느니라

【월요일 말씀묵상 - 느낌 그려보기】

말씀을 오감으로 느껴보는 시간입니다. 말씀을 생각하기보다 온몸으로 느껴보세요.

◎ 본문 말씀을 빠르게 읽은 후 답해보세요.

● 오늘 말씀을 읽고 난 후 느낌을 표현해 보세요.

● 나의 느낌을 따라 본문 말씀의 제목을 지어보세요.

◎ 본문 말씀을 3번 이상 "정독" 후 답해보세요.

● "마음"하면 떠오르는 것을 적어보세요.

● "마음"이 왜 중요할까요?

【화요일 말씀묵상 – 말씀 그대로 보기】
말씀에 내 생각을 보태거나 빼지 말고 말씀을 말씀 그대로 이해해 보세요.

◎ 본문 말씀을 3번 이상 "정독" 후 답해보세요.

1. '너희 안'에 품어야 하는 것은 무엇인가요?(5절)

2. 1번에서 품어야 하는 것은 누구의 무엇인가요?(5절)

3. 그는 근본적으로 어떤 분이신가요?(6절)

4. 3번과 같은 분이시지만 어떻게 할 것으로 여기지 아니하셨나요?(6절)

5. 오히려 자기를 비워 어떻게 되시고 누구와 같이 되셨나요?(7절)

6. 사람의 모양으로 나타나셔서 자기를 어떻게 하셨나요?(8절)

7. 6번과 같이 하심으로 하나님이 그를(예수님을) 어떻게 하셨나요(9절)

8. 하늘에 있는 자들과 땅에 있는 자들과 땅 아래에 있는 자들로 어떻게 하게 하셨나요?(10절)

9. 모든 입으로 어떻게 하게 하셨나요?(11절)

【수요일 말씀묵상 – 숨겨진 것 찾아 보기】
말씀 속 인물들의 마음을 헤아려 보고, 본문의 앞뒤 문맥과 상황들을 살펴보세요.

◎ 본문 말씀을 3번 이상 "정독" 후 답해보세요
1. "너희 안에 이 마음을 품으라."고 말씀하시는 하나님의 마음은 어떤 마음일까요?

2. 예수님은 이 땅에 계실 때에 어떤 마음으로 살아가셨을까요?

3. 하나님이신 예수님께서 사람의 모양으로 이 땅에 오셨을 때 어떤 마음이셨을까요??

4. 하나님이신 예수님이 자기를 낮추시고 죽기까지 복종하심으로 십자가에서 돌아가실 때 어떤 마음이셨을까요?

5. 사랑하는 아들을 피조물인 사람의 모습으로 이 땅에 보내실 때 하나님의 마음은 어떠셨을까요?

6. 십자가에 달려 돌아가시는 예수님의 모습을 보시는 하나님의 마음은 어떠셨을까요?

7. 하늘에 있는 자들과 땅에 있는 자들과 땅 아래에 있는 자들이 예수의 이름에 무릎을 꿇을 때 어떤 마음으로 무릎을 꿇었을까요?

8. 모든 입으로 예수 그리스도를 주라 시인하여 하나님 아버지께 영광을 돌릴 때 어떤 마음으로 그렇게 했을까요?

【목요일 말씀묵상 - 더 깊이 들여다 보기】
본문의 내용을 정리하고, 비교하며, 심층적으로 분석하여 충실하게 하나님의 말씀을 묵상해 보세요.

◎ 본문 말씀을 3번 이상 "정독" 후 답해보세요.

1. 그리스도 예수의 마음은 어떤 마음일까요?

2. 예수님은 하나님이신데 왜 하나님과 동등하게 아니하셨을까요?

3. 예수님께서 종의 형체가 되었다는 것은 무슨 뜻일까요?

4. 예수님께서 십자가에 죽기까지 복종하신 이유는 무엇일까요?

5. 모두가 예수님의 이름 앞에 무릎을 꿇게 하신 이유는 무엇일까요?

【금요일 말씀묵상 - 말씀대로 삶을 끌어가기】
나의 삶에 하나님의 말씀을 맞추지 말고, 하나님의 말씀에 나의 삶을 맞춰 보세요.

◎ 본문 말씀을 3번 이상 "정독" 후 답해보세요.

1. 오늘 본문 말씀을 통해 나를 향한 하나님의 마음은 무엇인가요?

2. 나는 그리스도 예수의 마음을 품고 살아가고 있나요? 그리스도 예수의 마음을 품지 못하게 방해하는 것은 무엇인가요? 그러면 나는 그리스도 예수의 마음을 품기 위해서 어떻게 해야 할까요?

3. 예수님의 삶의 목적은 자기를 낮추시고 십자가에 죽기까지 하나님께 복종하는 삶을 사는 것 이었습니다. 오늘을 살아가는 내 삶의 목적은 무엇인가요? 내 삶의 목적을 이루기 위해 나는 어떤 노력을 하고 있나요?

4. 모든 이름은 예수님 이름 앞에 무릎을 꿇어야 합니다. 더 정확하게는 예수님의 이름 앞에만 무릎을 꿇어야 합니다. 나는 어디에 무릎을 꿇고 있나요? 예수님께 무릎을 꿇고 있나요? 아니면 다른 것에 무릎을 꿇고 있나요? 그렇다면 나는 어떻게 해야 할까요?

5. 본문 말씀 중에서 중요하다고 생각하는 단어를 3개만 골라보세요. 그중에서 가장 중요하다고 생각하는 단어를 고른 후 그 이유에 대해서도 적어 보세요.
①

②

③

【토요일 말씀묵상 – 말씀을 삶으로 증명하기】 하나님의 말씀에 나의 삶을 맞춰 보세요.

※[참고] 가정에서 드리는 예배 순서 : 사도신경-찬송-기도(기도자)-말씀읽기/나눔-기도(합심/인도자)-주기도문

예배 준비 -인도자/예배자는 미리 예배를 준비합니다.	예배를 위한 기도 -인도자/기도자 미리 기도를 준비하세요!
□ 성경, 찬송 준비하기 □ 기도문 쓰기 □ 나눔 질문 미리하기 □ 찬송가 _____장	
사도신경(개역개정)	
사도신경을 보고 함께 읽으며 나의 신앙을 고백합니다.	
말씀 -한 절씩 돌아가면서 읽습니다. 그리고 함께 하눕니다.	
나눔 질문 · 말씀 속에서 가장 기억에 남는 장면은 무엇인가요?	
	주기도문(개역개정) – 함께 읽으며 기도합니다.
· 말씀을 통해 깨닫게 된 것은 무엇인가요?	하늘에 계신 우리 아버지, 아버지의 이름을 거룩하게 하시며 아버지의 나라가 오게 하시며, 아버지의 뜻이 하늘에서와 같이 땅에서도 이루어지게 하소서.
· 깨달은 말씀대로 살도록 적용해 보세요. (구체적으로, 실현 가능, 점검 가능) □ □ □	오늘 우리에게 일용할 양식을 주시고, 우리가 우리에게 잘못한 사람을 용서하여 준 것 같이, 우리 죄를 용서하여 주시고, 우리를 시험에 **빠지지** 않게 하시고 악에서 구하소서.
나눔 메모	나라와 권능과 영광이 영원히 아버지의 것입니다. 아멘.

【주일 말씀묵상 – 하나님 말씀에 집중하기】
목사님을 통해 나에게 말씀하시는 하나님의 말씀에 집중해 보세요.

□ 제목 :

□ 본문 :   □ 설교자 :

설교내용	느끼고 깨달은 말씀

결론	그러면 나는 어떻게 살 것인가?
	□ □ □

말씀묵상

사순절 6

말씀묵상 - 사순절6(이사야 53:1 - 6)

감사일기1

날짜		날씨		날짜		날씨	

▣ 감사제목	▣ 감사제목
·	·
·	·
·	·

날짜		날씨		날짜		날씨	

▣ 감사제목	▣ 감사제목
·	·
·	·
·	·

말씀묵상 - 사순절6(이사야 53:1 - 6)

감사일기2

날짜		날씨		날짜		날씨	

🎞 감사제목	🎞 감사제목
.	.
.	.
.	.

날짜		날씨		🍎 한 주간 동안의 일을 정리해 보세요.

🎞 감사제목	🎞 한 주간 동안의 감사제목!!
.	.
.	.
.	.

이번 주 말씀 : 이사야 53:1-6(개역개정)

1. 우리가 전한 것을 누가 믿었느냐 여호와의 팔이 누구에게 나타났느냐

2. 그는 주 앞에서 자라나기를 연한 순 같고 마른 땅에서 나온 뿌리 같아서 고운 모양도 없고 풍채도 없은즉 우리가 보기에 흠모할 만한 아름다운 것이 없도다

3. 그는 멸시를 받아 사람들에게 버림받았으며 간고를 많이 겪었으며 질고를 아는 자라 마치 사람들이 그에게서 얼굴을 가리는 것같이 멸시를 당하였고 우리도 그를 귀히 여기지 아니하였도다

4. 그는 실로 우리의 질고를 지고 우리의 슬픔을 당하였거늘 우리는 생각하기를 그는 징벌을 받아 하나님께 맞으며 고난을 당한다 하였노라

5. 그가 찔림은 우리의 허물 때문이요 그가 상함은 우리의 죄악 때문이라 그가 징계를 받으므로 우리는 평화를 누리고 그가 채찍에 맞으므로 우리는 나음을 받았도다

6. 우리는 다 양 같아서 그릇 행하여 각기 제 길로 갔거늘 여호와께서는 우리 모두의 죄악을 그에게 담당시키셨도다

【월요일 말씀묵상 - 느낌 그려보기】

말씀을 오감으로 느껴보는 시간입니다. 말씀을 생각하기보다 온몸으로 느껴보세요.

◎ 본문 말씀을 빠르게 읽은 후 답해보세요.

● 오늘 말씀을 읽고 난 후 느낌을 표현해 보세요.

● 나의 느낌을 따라 본문 말씀의 제목을 지어보세요.

◎ 본문 말씀을 3번 이상 "정독" 후 답해보세요.

● "고난"하면 떠오르는 것을 적어보세요.

● "고난"이 왜 오는 걸까요?

말씀에 내 생각을 보태거나 빼지 말고 말씀을 말씀 그대로 이해해 보세요.

◎ 본문 말씀을 3번 이상 "정독" 후 답해보세요.

1. 그는 주 앞에서 자라나기를 무엇과 같다고 했나요?(2절)

2. 그 분의 모습은 어떠했나요?(2절)

3. 그는 멸시를 받아 사람들에게 어떻게 되셨나요?(3절)

4. 우리도 그를 어떻게 하였나요?(3절)

5. 그는 우리를 위해 어떻게 되셨나요?(4절)

6. 우리는 그가 5번과 같이 됨을 어떻게 생각하나요?(4절)

7. 빈 칸을 채워보세요.(5 - 6절)
   "그가 찔림은 우리의 (   ) 때문이요. 그가 상함은 우리의 (   ) 때문이라.
   그가 징계를 받으므로 우리는 (   )를 누리고,
   그가 채찍에 맞으므로 우리는 (   )을 받았도다.
   우리는 다 양 같아서 그릇 행하여 각기 (   )로 갔거늘
   여호와께서는 우리 모두의 (   )을 그에게 (   )시키셨도다."

【수요일 말씀묵상 - 숨겨진 것 찾아 보기】

말씀 속 인물들의 마음을 헤아려 보고, 본문의 앞뒤 문맥과 상황들을 살펴보세요.

◎ 본문 말씀을 3번 이상 "정독" 후 답해보세요
1. "우리가 전한 것을 누가 믿었느냐. 여호와의 팔이 누구에게 나타났느냐?"라고 외치는 이사야의 마음은 어땠을까요?

2. 주 앞에서 자라나는 예수님의 마음은 어땠을까요? 그리고 예수님을 보시는 하나님의 마음은 어땠을까요?

3. 사람들에게 버림받고 간고를 겪으며 멸시를 당하시는 예수님의 마음은 어땠을까요? 그리고 우리도 예수님을 귀히여기지 않을 때 예수님의 마음은 어땠을까요?

4. 우리의 질고를 지고, 우리의 슬픔을 당하시는 예수님의 마음은 어땠을까요? 그 모습을 보시는 하나님의 마음은 어땠을까요?

5. 나의 허물과 죄악 때문에 찔림과 상함을 받고 우리의 평화와 나음을 위해 징계와 채찍을 맞으신 예수님의 마음은 어땠을까요?

6. 나의 모든 죄악을 예수님께 담당시키시는 하나님의 마음은 어땠을까요? 그리고 나의 모든 죄악을 담당하시는 예수님의 마음은 어떠실까요?

【목요일 말씀묵상 - 더 깊이 들여다 보기】
본문의 내용을 정리하고, 비교하며, 심층적으로 분석하여 충실하게 하나님의 말씀을 묵상해 보세요.

◎ 본문 말씀을 3번 이상 "정독" 후 답해보세요.

1. "우리가 보기에 흠모할 만한 아름다운 모습이 없도다."는 말씀에 어떤 의미가 있을까요?

2. 우리가 그를 귀하게 여기지 않은 이유는 무엇 때문일까요?

3. "그"가 우리가 맞아야 할 징벌과 채찍을 대신 맞으신 이유는 무엇일까요?

4. "우리는 다 양 같아서 그릇 행하여 각기 제 길로 갔거늘"이란 말씀 속에서 나를 발견해 보세요.

5. 여호와께서는 왜 모든 죄악을 그에게 지우신 것일까요?

【금요일 말씀묵상 – 말씀대로 삶을 끌어가기】

나의 삶에 하나님의 말씀을 맞추지 말고, 하나님의 말씀에 나의 삶을 맞춰 보세요.

◎ 본문 말씀을 3번 이상 "정독" 후 답해보세요.

1. 오늘 본문 말씀을 통해 나를 향한 하나님의 마음은 무엇인가요?

2. 내가 상상하는 예수님은 어떤 분이신가요? 혹시 말씀 속에서의 예수님(하나님)과 내가 상상하는 예수님이 다를 때 나는 하나님의 말씀과 내 생각(상상) 중에서 어디에 관심을 두나요? 그 이유는 무엇일까요?

3. 사람들이 예수님(하나님)을 멸시하고 버릴 때 나는 그들과 함께 하나요? 아니면 예수님의 편에 서나요? 내가 그렇게 하는 이유는 무엇인가요?

4. 예수님께서 멸시를 받아 사람들에게 버림을 받고, 간고를 많이 겪고, 멸시를 당하고, 질고를 지고, 슬픔을 당하고, 고난을 당하고, 찔리고, 상하고, 징계를 받고, 채찍에 맞으시는 것이 나와 어떤 상관이 있나요? 그리고 그 상관이 내 삶에 얼마만큼 영향을 주고 있나요?

5. 나의 모든 죄악을 지시고 십자가에 달려 돌아가신 에수님께 편지를 써보세요.

나를 위해 십자가에 달려 돌아가신 예수님께..

【토요일 말씀묵상 – 말씀을 삶으로 증명하기】 하나님의 말씀에 나의 삶을 맞춰 보세요.

※[참고] 가정에서 드리는 예배 순서 : 사도신경-찬송-기도(기도자)-말씀읽기/나눔-기도(합심/인도자)-주기도문

예배 준비	예배를 위한 기도
-인도자/예배자는 미리 예배를 준비합니다.	-인도자/기도자 미리 기도를 준비하세요!

□ 성경, 찬송 준비하기

□ 기도문 쓰기

□ 나눔 질문 미리하기

□ 찬송가 _____장

사도신경(개역개정)

사도신경을 보고 함께 읽으며 나의 신앙을 고백합니다.

말씀
-한 절씩 돌아가면서 읽습니다. 그리고 함께 하눕니다.

나눔 질문

· 말씀 속에서 가장 기억에 남는 장면은 무엇인가요?

· 말씀을 통해 깨닫게 된 것은 무엇인가요?

주기도문(개역개정)
– 함께 읽으며 기도합니다.

· 깨달은 말씀대로 살도록 적용해 보세요.
  (구체적으로, 실현 가능, 점검 가능)

□

□

□

나눔 메모

하늘에 계신 우리 아버지,
아버지의 이름을 거룩하게 하시며
아버지의 나라가 오게 하시며,
아버지의 뜻이 하늘에서와 같이
땅에서도 이루어지게 하소서.
오늘 우리에게 일용할 양식을 주시고,
우리가 우리에게 잘못한 사람을
용서하여 준 것 같이,
우리 죄를 용서하여 주시고,
우리를 시험에 빠지지 않게 하시고
악에서 구하소서.
나라와 권능과 영광이
영원히 아버지의 것입니다.
아멘.

【주일 말씀묵상 - 하나님 말씀에 집중하기】

목사님을 통해 나에게 말씀하시는 하나님의 말씀에 집중해 보세요.

□ 제목 :

□ 본문 :   □ 설교자 :

설교내용	느끼고 깨달은 말씀

결론	그러면 나는 어떻게 살 것인가?
	□ □ □

말씀묵상

부활절

말씀묵상 - 부활절(마태복음 28:1 - 10)

감사일기1

날짜		날씨		날짜		날씨	

📷 감사제목	📷 감사제목
·	·
·	·
·	·

날짜		날씨		날짜		날씨	

📷 감사제목	📷 감사제목
·	·
·	·
·	·

말씀묵상 - 부활절(마태복음 28:1 - 10)

감사일기2

날짜		날씨		날짜		날씨	

📧 감사제목	📧 감사제목
·	·
·	·
·	·

날짜		날씨		🍎 한 주간 동안의 일을 정리해 보세요.

📧 감사제목	📧 한 주간 동안의 감사제목!!
·	·
·	·
·	·

이번 주 말씀 : 마태복음 28:1-10(개역개정)

1. 안식일이 다 지나고 안식 후 첫날이 되려는 새벽에 막달라 마리아와 다른 마리아가 무덤을 보려고 갔더니
2. 큰 지진이 나며 주의 천사가 하늘로부터 내려와 돌을 굴려 내고 그 위에 앉았는데
3. 그 형상이 번개 같고 그 옷은 눈 같이 희거늘
4. 지키던 자들이 그를 무서워하여 떨며 죽은 사람과 같이 되었더라
5. 천사가 여자들에게 말하여 이르되 너희는 무서워하지 말라 십자가에 못 박히신 예수를 너희가 찾는 줄을 내가 아노라
6. 그가 여기 계시지 않고 그가 말씀 하시던 대로 살아나셨느니라 와서 그가 누우셨던 곳을 보라
7. 또 빨리 가서 그의 제자들에게 이르되 그가 죽은 자 가운데서 살아나셨고 너희보다 먼저 갈릴리로 가시나니 거기서 너희가 뵈오리라 하라 보라 내가 너희에게 일렀느니라 하거늘
8. 그 여자들이 무서움과 큰 기쁨으로 빨리 무덤을 떠나 제자들에게 알리려고 달음질할새
9. 예수께서 그들을 만나 이르시되 평안하냐 하시거늘 여자들이 나아가 그 발을 붙잡고 경배하니
10. 이에 예수께서 이르시되 무서워하지 말라 가서 내 형제들에게 갈릴리로 가라 하라 거기서 나를 보리라 하시니라

【월요일 말씀묵상 - 느낌 그려보기】

말씀을 오감으로 느껴보는 시간입니다. 말씀을 생각하기보다 온몸으로 느껴보세요.

◎ 본문 말씀을 **빠르게** 읽은 후 답해보세요.

● 오늘 말씀을 읽고 난 후 느낌을 표현해 보세요.

● 나의 느낌을 따라 본문 말씀의 제목을 지어보세요.

◎ 본문 말씀을 3번 이상 "정독" 후 답해보세요.

● "무덤"하면 떠오르는 것을 적어보세요.

● "두려움"은 왜 생기는 것일까요?

【화요일 말씀묵상 - 말씀 그대로 보기】
말씀에 내 생각을 보태거나 빼지 말고 말씀을 말씀 그대로 이해해 보세요.

◎ 본문 말씀을 3번 이상 "정독" 후 답해보세요.
1. 막달라 마리아와 다른 마리아가 언제, 왜, 어디로 갔나요?(1절)

2. 막달라 마리아와 다른 마리아가 예수님의 무덤에 갔을 때 어떤 모습이었나요?(2절)

3. 주의 천사의 모습은 어떤 모습인가요?(3절)

4. 무덤을 지키던 자들이 천사를 보고 어떻게 되었나요?(4절)

5. 천사가 여자들(막달라 마리아와 다른 마리아)에게 뭐라고 말하나요?(5 - 7절)

6. 천사의 말을 들은 여자들은 반응은 어땠나요?(8절)

7. 제자들에게 알리려고 달음질하는 여자들은 달음질하는 도중에 누구를 만나나요?(9절)

8, 예수님께서 여자들을 만나 처음 하신 말씀이 무엇인가요?(9절)

9. 예수님을 만난 여자들은 예수님께 어떻게 하나요?(9절)

10. 예수님의 발을 붙잡고 경배하는 여자들에게 예수님은 뭐라고 말씀하시나요?(10절)

【수요일 말씀묵상 - 숨겨진 것 찾아 보기】
말씀 속 인물들의 마음을 헤아려 보고, 본문의 앞뒤 문맥과 상황들을 살펴보세요.

◎ 본문 말씀을 3번 이상 "정독" 후 답해보세요
1. 무덤을 보기위해 안식일이 지나기를 기다리는 막달라 마리아와 다른 마리아의 마음은 어땠을까요?

2, 무덤을 향해 달려가는 막달라 마리아와 다른 마리아의 마음은 어땠을까요?

3. 천사의 말을 들을 때 막달라 마리아와 다른 마리아의 마음은 어땠을까요?

4. 제자들에게 예수님의 부활 소식을 전하기 위해서 달음질하는 마리아와 다른 마리아의 마음은 어땠을까요?

5. 예수님을 만난 막달라 마리아와 다른 마리아는 어떤 마음으로 예수님의 발을 붙잡고 경배했을까요?

6. 막달라 마리아와 다른 마리아를 만난 예수님은 어떤 마음으로 "평안하냐"라고 말씀하셨을까요?

7. "무서워하지 말고 가서 내 형제들에게 갈릴리로 가라, 거기서 나를 보리라."는 말씀을 들은 막달라 마리아와 다른 마리아의 마음은 어땠을까요? 그리고 이 말씀을 전해들은 제자들의 마음은 어땠을까요?

【목요일 말씀묵상 – 더 깊이 들여다 보기】

본문의 내용을 정리하고, 비교하며, 심층적으로 분석하여 충실하게 하나님의 말씀을 묵상해 보세요.

◎ 본문 말씀을 3번 이상 "정독" 후 답해보세요.

1. 안식 후 첫날 새벽에 여자들이 예수님의 무덤으로 달려간 이유는 무엇인가요?

2. 천사는 왜 여자들에게 무서워하지 말라고 했을까요?

3. 여자들이 예수님의 부활 소식을 듣고 무서움과 큰 기쁨으로 빨리 무덤을 떠나는데 무엇에 대한 무서움이고, 무엇에 대한 큰 기쁨인가요?

4. 예수님께서 막달라 마리아와 다른 마리아에게 "평안하냐"라고 말씀하신 이유는 무엇일까요?

【금요일 말씀묵상 – 말씀대로 삶을 끌어가기】

나의 삶에 하나님의 말씀을 맞추지 말고, 하나님의 말씀에 나의 삶을 맞춰 보세요.

◎ 본문 말씀을 3번 이상 "정독" 후 답해보세요.

1. 오늘 본문 말씀을 통해 나를 향한 하나님의 마음은 무엇인가요?

2. 예수님께서는 십자가에 달려 돌아가시기 전에 이미 많은 사람들에게 다시 살아나실 것에 대해 말씀하셨습니다. 하지만 많은 사람들은 그 사실을 믿지 않았습니다. 아니 예수님께서 다시 부활하실 것이라고 믿은 사람은 한 사람도 없었습니다. 만약 내가 제자들 중 한 사람이었다면 예수님의 부활에 대해서 어떻게 받아들였을까요?

3. 예수님의 부활은 나와 무슨 상관이 있나요? 그리고 어떤 의미로 다가오나요?

4. 본문 말씀 중에서 중요하다고 생각하는 단어를 3개만 골라보세요. 그 중에서 가장 중요하다고 생각하는 단어를 고른 후 그 이유에 대해서 적어보세요.

①
②
③

【토요일 말씀묵상 – 말씀을 삶으로 증명하기】하나님의 말씀에 나의 삶을 맞춰 보세요.

※[참고] 가정에서 드리는 예배 순서 : 사도신경-찬송-기도(기도자)-말씀읽기/나눔-기도(합심/인도자)-주기도문

예배 준비 -인도자/예배자는 미리 예배를 준비합니다.	예배를 위한 기도 -인도자/기도자 미리 기도를 준비하세요!
□ 성경, 찬송 준비하기 □ 기도문 쓰기 □ 나눔 질문 미리하기 □ 찬송가 _____장	

사도신경(개역개정)	
사도신경을 보고 함께 읽으며 나의 신앙을 고백합니다.	

말씀 -한 절씩 돌아가면서 읽습니다. 그리고 함께 하늡니다.	
나눔 질문 · 말씀 속에서 가장 기억에 남는 장면은 무엇인가요?	

· 말씀을 통해 깨닫게 된 것은 무엇인가요?	주기도문(개역개정) - 함께 읽으며 기도합니다.
· 깨달은 말씀대로 살도록 적용해 보세요. (구체적으로, 실현 가능, 점검 가능) □ □ □ 나눔 메모	하늘에 계신 우리 아버지, 아버지의 이름을 거룩하게 하시며 아버지의 나라가 오게 하시며, 아버지의 뜻이 하늘에서와 같이 땅에서도 이루어지게 하소서. 오늘 우리에게 일용할 양식을 주시고, 우리가 우리에게 잘못한 사람을 용서하여 준 것 같이, 우리 죄를 용서하여 주시고, 우리를 시험에 빠지지 않게 하시고 악에서 구하소서. 나라와 권능과 영광이 영원히 아버지의 것입니다. 아멘.

【주일 말씀묵상 - 하나님 말씀에 집중하기】

목사님을 통해 나에게 말씀하시는 하나님의 말씀에 집중해 보세요.

□ 제목 :

□ 본문 :   □ 설교자 :

설교내용	느끼고 깨달은 말씀

결론	그러면 나는 어떻게 살 것인가?
	□ □ □

주님
생각
사순절

초판 1쇄 발행 2025. 02. 14.

지은이   황사무엘

펴낸이   황사무엘
펴낸곳   글로벌비전아카데미
주 소   경기도 수원시 팔달구 인계로 124번길 19(인계동) 9층 909호
전 화   010-2175-7282
이메일   shallom1207@hanmail.net
등 록   2024년 01월 16일
창립일   2024년 01월 16일

제 작   도서출판 소망
주 소   10252 경기도 고양시 일산동구 고봉로 776 - 92
전 화   031-976-8970
팩 스   031-976-8971
이메일   somangsa77@daum.net
등 록   (제48호) 2015년 9월 16일

ISBN   979-11-990211-2-9 03230
책값은 뒤표지에 있습니다.